Nossa Senhora de Guadalupe

Novena e história
das aparições a São Juan Diego

Maria Belém

Nossa Senhora de Guadalupe
Novena e história das aparições a São Juan Diego

6ª ed. – 2009
7ª reimpressão – 2024

Paulinas

Citações bíblicas: *Bíblia Sagrada* – tradução da CNBB, 2ª ed., 2002.

Editora responsável: *Celina H. Weschenfelder*
Equipe Editorial

Nenhuma parte desta obra poderá ser reproduzida ou transmitida por qualquer forma e/ou quaisquer meios (eletrônico ou mecânico, incluindo fotocópia e gravação) ou arquivada em qualquer sistema ou banco de dados sem permissão escrita da Editora. Direitos reservados.

Cadastre-se e receba nossas informações
paulinas.com.br
Telemarketing e SAC: 0800-7010081

Paulinas
Rua Dona Inácia Uchoa, 62
04110-020 – São Paulo – SP (Brasil)
📞 (11) 2125-3500
✉️ editora@paulinas.com.br
© Pia Sociedade Filhas de São Paulo – São Paulo, 2002

Introdução

A figura central desta história, depois de Nossa Senhora, é Juan Diego, então membro indígena dos náhuas.

Antes do domínio espanhol, o México era sede do grandioso Império Asteca, rico e em franco progresso em todas as áreas: econômica, política, artística e sanitária. Os seus habitantes viviam felizes em sua cultura milenar.

Com a chegada dos brancos, em 1521, vieram também a pobreza, a doença e a desorientação, contudo, o grande Pai de todos os povos não esqueceu seus filhos e enviou-lhes uma mensageira, Maria, que trouxe para os empobrecidos e marginalizados proteção e alegria. Maria não só visitou o povo asteca, mas veio morar no meio deles e com ela veio seu filho Jesus.

As aparições de Guadalupe são mensagens de esperança e um convite à solidariedade e à fraternidade entre os povos.

Com a aparência de uma jovem índia, a Mãe de Jesus iluminou aquela manhã mexicana dos primeiros anos da América, com uma luz destinada a brilhar pelos séculos afora.

Naquele frio, num sábado de dezembro de 1531, Juan Diego saía de sua aldeia, Cuauhtitlán, e dirigia-se para Tlatelolco, onde, na Capela das Missões, participaria da celebração eucarística.

Deus, porém, por intermédio de Maria, havia marcado outro encontro com ele...

PRIMEIRO DIA

Juan Diego, o escolhido

Juan Diego era um homem pobre, mas livre. Sabia ler e escrever, conforme os costumes astecas. Ainda pequeno perdera os pais. Vivia da terra e da caça, com a esposa, Maria Lúcia, e com o tio, Juan Bernardino, a quem amava como a um pai. Os três haviam aceitado as palavras do missionário e receberam o batismo. Em 1529, Maria Lúcia adoeceu e faleceu. A amizade de Juan Diego com o tio ficou mais profunda ainda, assim como sua fé na mensagem do Evangelho.

Convertido ao catolicismo, seu coração de homem simples e religioso transferiu para o Deus de Jesus todo o respeito e devoção que aprendera desde pequeno em sua religião.

Oração. Senhora de Guadalupe! Abençoai os pobres e suas famílias para que a fé e a esperança cresçam em seus corações e a alegria reine em seus lares.

Pai-Nosso, Ave-Maria e Glória...

Canto à escolha. (pp. 26-28)

Oração final. Mãe de Guadalupe, Senhora das Américas, com grande confiança recorremos a vós! Mostrai-nos o vosso Filho. Escutai o coração e as palavras dos vossos filhos: indígenas, negros, brancos, mestiços de todas as raças e nações desta terra. Ouvi a aflição dos pobres, devolvei a dignidade aos marginalizados, consolai os desamparados, curai as enfermidades e suavizai os nossos sofrimentos. Orientai, ó Mãe, nossos passos na justiça, na verdade e no amor. Amém!

SEGUNDO DIA

O pedido da Senhora

Na manhã de 9 de dezembro de 1531, Juan Diego encaminhava-se para a Igreja das Missões quando ouviu uma linda música. Parou e olhou ao redor, como se escutasse um sinal divino. No meio da música, uma voz o chamava suavemente: "Juanito, Juan Diego!". Subindo em direção à voz, viu uma senhora radiante de beleza. Seu vestido brilhava como o sol e seu rosto demonstrava bondade e compaixão. "Juanito, o menor de meus filhos, aonde vais?", disse ela. Juan Diego respondeu: "Minha Senhora, vou participar das coisas divinas". "Sabes, meu filho, desejo ardentemente que ergam aqui um templo, para que eu possa demonstrar o meu amor de Mãe. Vai comunicar ao bispo o meu desejo", pede a Senhora.

Oração. Senhora de Guadalupe, concedei-nos a sabedoria de ouvir sempre os apelos de Deus, que nos convidam para a bondade e compaixão!

Pai-Nosso, Ave-Maria e Glória....

Canto à escolha. (pp. 26-28)

Oração final. Mãe de Guadalupe, Senhora das Américas, com grande confiança recorremos a vós! Mostrai-nos o vosso Filho. Escutai o coração e as palavras dos vossos filhos: indígenas, negros, brancos, mestiços de todas as raças e nações desta terra. Ouvi a aflição dos pobres, devolvei a dignidade aos marginalizados, consolai os desamparados, curai as enfermidades e suavizai os nossos sofrimentos. Orientai, ó Mãe, nossos passos na justiça, na verdade e no amor. Amém!

TERCEIRO DIA
Missão fracassada

Juan Diego, ao ouvir o pedido da Senhora, fez uma reverência e lhe disse: "Minha Menina, já estou a caminho para cumprir a sua ordem". E partiu em direção à residência do bispo, que, depois de longa espera, o acolheu bem, mas disse que voltasse outro dia para contar melhor a história. Juan Diego sentiu que não estava sendo acreditado e voltou à Virgem Santa, rogando-lhe que enviasse outra pessoa mais digna de confiança. A Senhora insistiu: "Ouve, meu pequeno filho, tenho muitos servidores e mensageiros, mas é a ti que confio esta missão de voltar ao bispo, saudá-lo em meu nome, dizendo que sou a Virgem Santa, Mãe de Deus, e renovar o meu pedido".

Oração. Senhora de Guadalupe, diante das dificuldades da vida, dai-nos forças para não desanimarmos na busca de nossos objetivos.

Pai-Nosso, Ave-Maria e Glória...

Canto à escolha. (pp. 26-28)

Oração final. Mãe de Guadalupe, Senhora das Américas, com grande confiança recorremos a vós! Mostrai-nos o vosso Filho. Escutai o coração e as palavras dos vossos filhos: indígenas, negros, brancos, mestiços de todas as raças e nações desta terra. Ouvi a aflição dos pobres, devolvei a dignidade aos marginalizados, consolai os desamparados, curai as enfermidades e suavizai os nossos sofrimentos. Orientai, ó Mãe, nossos passos na justiça, na verdade e no amor. Amém!

QUARTO DIA

Juan Diego, o mensageiro

No dia seguinte, Juan Diego foi bater novamente à porta do palácio episcopal. Dificuldades ainda maiores encontrou para conversar, pela segunda vez, com o bispo, apesar de ter dito que era a própria Virgem Maria, Mãe de Deus, quem o enviava. O prelado fez inúmeras perguntas e finalmente exigiu que apresentasse provas de que estava dizendo a verdade. Juan Diego se dispôs a pedir à Senhora a prova necessária. Correu logo para dar a notícia à Santa Virgem de que o bispo queria uma prova que realmente era ela quem estava pedindo um templo.

Oração. Senhora de Guadalupe, dai--nos sempre mais fé nos mistérios de Deus e confiança de que ele nunca desampara os que nele esperam.

Pai-Nosso, Ave-Maria e Glória...

Canto à escolha. (pp. 26-28)

Oração final. Mãe de Guadalupe, Senhora das Américas, com grande confiança recorremos a vós! Mostrai-nos o vosso Filho. Escutai o coração e as palavras dos vossos filhos: indígenas, negros, brancos, mestiços de todas as raças e nações desta terra. Ouvi a aflição dos pobres, devolvei a dignidade aos marginalizados, consolai os desamparados, curai as enfermidades e suavizai os nossos sofrimentos. Orientai, ó Mãe, nossos passos na justiça, na verdade e no amor. Amém!

QUINTO DIA

A doença do tio Juan Bernardino

Juan Diego relatou à Senhora a exigência do bispo. "Está bem" – respondeu-lhe a Virgem Maria – "volta aqui amanhã, pela manhã, e levarás o sinal pedido, para que acreditem". Ao chegar em casa naquele dia, encontrou seu tio muito doente. No dia seguinte, em vez de ir ao monte encontrar-se com a Senhora, ficou cuidando do tio e procurando, inutilmente, um médico. Vendo que não melhorava, o tio pediu a Juan Diego que trouxesse um padre para ele se confessar. Juan Diego, pela manhã, se pôs a caminho, evitando passar por onde poderia encontrar a Virgem Santa, pois achava que ela pudesse estar desgostosa dele.

Oração. Senhora de Guadalupe, curai nossas doenças e livrai-nos de nossos males, para que possamos servir melhor a Deus e aos irmãos.

Pai-Nosso, Ave-Maria e Glória...

Canto à escolha. (pp. 26-28)

Oração final. Mãe de Guadalupe, Senhora das Américas, com grande confiança recorremos a vós! Mostrai-nos o vosso Filho. Escutai o coração e as palavras dos vossos filhos: indígenas, negros, brancos, mestiços de todas as raças e nações desta terra. Ouvi a aflição dos pobres, devolvei a dignidade aos marginalizados, consolai os desamparados, curai as enfermidades e suavizai os nossos sofrimentos. Orientai, ó Mãe, nossos passos na justiça, na verdade e no amor. Amém!

SEXTO DIA

A cura do tio

Era o dia 12 de dezembro de 1531. Bem cedo saiu Juan Diego com a intenção de trazer o sacerdote para seu tio. Apesar de ter tomado outro caminho, a Senhora o alcançou e lhe perguntou: "O que acontece, meu pequeno filho? Aonde vais?" E Juan Diego respondeu: "Minha Senhora, desculpe se não lhe obedeci, mas devo levar um sacerdote ao meu tio que está doente". A Santa Virgem então lhe disse: "Não te aflijas com essa enfermidade. Aqui estou eu, tua mãe. Não estás sob a minha proteção? Não sou a saúde? Não te inquietes, pois teu tio será salvo dessa enfermidade". Assim, a Senhora pediu que ele subisse ao monte para colher flores.

Oração. Senhora de Guadalupe, olhai para as nossas dificuldades e acompanhai-nos no caminho quando também fugirmos do vosso olhar e da vossa proteção.
Pai-Nosso, Ave-Maria e Glória...

Canto à escolha. (pp. 26-28)

Oração final. Mãe de Guadalupe, Senhora das Américas, com grande confiança recorremos a vós! Mostrai-nos o vosso Filho. Escutai o coração e as palavras dos vossos filhos: indígenas, negros, brancos, mestiços de todas as raças e nações desta terra. Ouvi a aflição dos pobres, devolvei a dignidade aos marginalizados, consolai os desamparados, curai as enfermidades e suavizai os nossos sofrimentos. Orientai, ó Mãe, nossos passos na justiça, na verdade e no amor. Amém!

SÉTIMO DIA

O milagre das rosas

Atendendo ao pedido da Virgem Maria, Juan Diego foi na direção indicada e quando chegou em cima do monte se assustou vendo tantas rosas, lindas e umedecidas pelo orvalho. Colheu uma braçada delas e as levou para a Senhora, que as arrumou dentro da *tilma* (manto) dele, recomendando que as mostrasse somente ao bispo. E acrescentou: "Filho meu pequeno, este é o sinal e a prova que levarás ao bispo. Contarás tudo a ele para que se convença e levante o templo que lhe pedi". Juan Diego colocou-se novamente a caminho da casa do bispo, desta vez mais confiante. Alguns criados queriam ver o que ele trazia dentro do manto, mas ele resistiu aos curiosos que puderam sentir, apenas, um doce perfume de rosas, mas nada entenderam.

Oração. Senhora de Guadalupe, ajudai-nos a ver Deus na beleza da natureza e especialmente a ver os dons maravilhosos das pessoas, criadas à imagem e semelhança de Deus.

Pai-Nosso, Ave-Maria, Glória...

Canto à escolha. (pp. 26-28)

Oração final. Mãe de Guadalupe, Senhora das Américas, com grande confiança recorremos a vós! Mostrai-nos o vosso Filho. Escutai o coração e as palavras dos vossos filhos: indígenas, negros, brancos, mestiços de todas as raças e nações desta terra. Ouvi a aflição dos pobres, devolvei a dignidade aos marginalizados, consolai os desamparados, curai as enfermidades e suavizai os nossos sofrimentos. Orientai, ó Mãe, nossos passos na justiça, na verdade e no amor. Amém!

OITAVO DIA

A Senhora se manifesta

Juan Diego ao chegar diante do bispo fez uma reverência e foi logo contando como a Senhora o fizera subir ao monte, onde encontrou rosas belíssimas, lugar que naquela época do ano só tinha espinhos. Dizendo isso, abriu o manto fazendo as rosas rolarem pelo chão. O bispo maravilhado caiu de joelhos, assim como todos os que se encontravam com ele. Pois, além das rosas perfumadas, estava estampada no manto de Juan Diego a imagem da Virgem de Guadalupe. Sua aparência era a de uma mulher de pele morena, semelhante a uma jovem indígena. A pintura da Senhora de Guadalupe no manto de Juan Diego desafiou o tempo e os estudos científicos, e ainda hoje se apresenta tão bela como estava no dia 12 de dezembro de 1531. E essa mesma *tilma* com a imagem da Virgem Maria encontra-se atualmente no templo de Tepeyac (Guadalupe).

Oração. Virgem de Guadalupe, Senhora das Américas, nós vos agradecemos porque quisestes vir morar entre nós e vos tornastes uma filha desta terra. Abençoai as pessoas do continente americano e especialmente do Brasil e dai-nos com vosso Filho a paz e a fraternidade.
Pai-Nosso, Ave-Maria e Glória...

Canto à escolha. (pp. 26-28)

Oração final. Mãe de Guadalupe, Senhora das Américas, com grande confiança recorremos a vós! Mostrai-nos o vosso Filho. Escutai o coração e as palavras dos vossos filhos: indígenas, negros, brancos, mestiços de todas as raças e nações desta terra. Ouvi a aflição dos pobres, devolvei a dignidade aos marginalizados, consolai os desamparados, curai as enfermidades e suavizai os nossos sofrimentos. Orientai, ó Mãe, nossos passos na justiça, na verdade e no amor. Amém!

NONO DIA

O templo da Virgem de Guadalupe

Depois da espetacular manifestação da Santíssima Virgem, o bispo e toda a Igreja do México acreditaram em Juan Diego e foram em procissão ao lugar das aparições, onde logo foi erguida uma capela. Juan Diego construiu, ao lado da capela, uma cabana, de onde jamais se afastou até o final de sua vida, em 1548, aos 74 anos. Com razão, ele foi sempre considerado o "evangelizador de Guadalupe" e hoje, o "santo de Guadalupe".

A Virgem de Guadalupe foi declarada Mãe das Américas e hoje, de seu templo majestoso, ela acolhe todos os seus filhos e os abençoa com bondade e carinho.

Oração. Senhora de Guadalupe, nós agradecemos a vossa proteção materna e pedimos que intercedais junto a Jesus por nós e por todas as pessoas sofridas e doentes.

Pai-Nosso, Ave-Maria e Glória...

Canto à escolha. (pp. 26-28)

Oração final. Mãe de Guadalupe, Senhora das Américas, com grande confiança recorremos a vós! Mostrai-nos o vosso Filho. Escutai o coração e as palavras dos vossos filhos: indígenas, negros, brancos, mestiços de todas as raças e nações desta terra. Ouvi a aflição dos pobres, devolvei a dignidade aos marginalizados, consolai os desamparados, curai as enfermidades e suavizai os nossos sofrimentos. Orientai, ó Mãe, nossos passos na justiça, na verdade e no amor. Amém!

Cantos a Nossa Senhora de Guadalupe

Mãe do céu morena
(Pe. Zezinho – CD 6551-0 – Paulinas/Comep)

Mãe do céu morena,
Senhora da América Latina,
de olhar e caridade tão divina,
de cor igual à cor de tantas raças.
Virgem tão serena,
Senhora destes povos tão sofridos,
patrona dos pequenos e oprimidos,
derrama sobre nós as tuas graças!

1. Derrama sobre os jovens tua luz,
   aos pobres vem mostrar o teu Jesus.
   Ao mundo inteiro traz o teu amor de mãe.
   Ensina quem tem tudo a partilhar.
   Ensina quem tem pouco a não cansar,
   e faz o nosso povo caminhar em paz.

2. Derrama a esperança sobre nós,
   ensina o povo a não calar a voz.
   Desperta o coração de quem não acordou.
   Ensina que a justiça é condição
   de construir um mundo mais irmão.
   E faz o nosso povo conhecer Jesus...

Santa Maria do Caminho
(M. Espinosa)

1. Pelas estradas da vida,
   nunca sozinho estás.
   Contigo pelo caminho santa Maria vai.

   Ó vem conosco, vem caminhar,
   santa Maria vem!

2. Se pelo mundo os homens
   sem conhecer-se vão,
   não negues nunca a tua mão
   a quem te encontrar.

3. Mesmo que digam os homens:
   "Tu nada podes mudar".
   Luta por um mundo novo
   de unidade e paz.

4. Se parecer tua vida inútil caminhar.
   Lembra que abres caminho,
   outros te seguirão.

É Maria! É Maria!
(Zé Vicente – CD 11601-7 – Paulinas/Comep)

1. Quem é essa mulher radiante
   orgulho do povo, de Deus sintonia?!

*É Maria, é Maria, nossa Mãe, modelo e guia,
é Maria, é Maria, companheira noite e dia!*

2. Quem é essa que na América Latina,
   do México à Argentina, nos dá tanta alegria?

3. Quem é essa que na noite do povo
   é força e presença em busca do dia?

4. Quem é essa que no meio da morte
   nos canta a vitória e transforma a agonia?

5. Quem é essa que aponta a derrota
   dos grandes opressores da vil tirania?

6. Senhora de Guadalupe,
   ó Virgem da Conceição,
   Negrinha do meu Brasil,
   mãe santa da libertação!

NOSSAS DEVOÇÕES
(Origem das novenas)

De onde vem a prática católica das novenas? Entre outras, podemos dar duas respostas: uma histórica, outra alegórica.

Historicamente, na Bíblia, no início do livro dos Atos dos Apóstolos, lê-se que, passados quarenta dias de sua morte na Cruz e de sua ressurreição, Jesus subiu aos céus, prometendo aos discípulos que enviaria o Espírito Santo, que lhes foi comunicado no dia de Pentecostes.

Entre a ascensão de Jesus ao céu e a descida do Espírito Santo, passaram-se nove dias. A comunidade cristã ficou reunida em torno de Maria, de algumas mulheres e dos apóstolos. Foi a primeira novena cristã. Hoje, ainda a repetimos todos os anos, orando, de modo especial, pela unidade dos cristãos. É o padrão de todas as outras novenas.

A novena é uma série de nove dias seguidos em que louvamos a Deus por suas maravilhas, em particular, pelos santos, por cuja intercessão nos são distribuídos tantos dons.

Alegoricamente, a novena é antes de tudo um ato de louvor ao Pai, ao Filho e ao Espírito Santo, Deus três vezes Santo. Três é número perfeito. Três vezes três, nove. A novena é louvor perfeito à Trindade. A prática de nove dias de oração, louvor e súplica confirma de maneira extraordinária nossa fé em Deus que nos salva, por intermédio de Jesus, de Maria e dos santos.

O Concílio Vaticano II afirma: "Assim como a comunhão cristã entre os que caminham na terra nos aproxima mais de Cristo, também o convívio com os santos nos une a Cristo, fonte e cabeça de que provêm todas as graças e a própria vida do povo de Deus" (*Lumen Gentium*, 50).

Nossas Devoções procura alimentar o convívio com Jesus, Maria e os santos, para nos tornarmos cada dia mais próximos de Cristo, que nos enriquece com os dons do Espírito e com todas as graças de que necessitamos.

Francisco Catão

Coleção Nossas Devoções

- *Dulce dos Pobres: novena e biografia* – Marina Mendonça
- *Francisco de Paula Victor: história e novena* – Aparecida Matilde Alves
- *Frei Galvão: novena e história* – Pe. Paulo Saraiva
- *Imaculada Conceição* – Francisco Catão
- *Jesus, Senhor da vida: dezoito orações de cura* – Francisco Catão
- *João Paulo II: novena, história e orações* – Aparecida Matilde Alves
- *João XXIII: biografia e novena* – Marina Mendonça
- *Maria, Mãe de Jesus e Mãe da Humanidade: novena e coroação de Nossa Senhora* – Aparecida Matilde Alves
- *Menino Jesus de Praga: história e novena* – Giovanni Marques Santos
- *Nhá Chica: Bem-aventurada Francisca de Paula de Jesus* – Aparecida Matilde Alves
- *Nossa Senhora Aparecida: história e novena* – Maria Belém
- *Nossa Senhora da Cabeça: história e novena* – Mario Basacchi
- *Nossa Senhora da Luz: novena e história* – Maria Belém
- *Nossa Senhora da Penha: novena e história* – Maria Belém
- *Nossa Senhora da Salete: história e novena* – Aparecida Matilde Alves
- *Nossa Senhora das Graças ou Medalha Milagrosa: novena e origem da devoção* – Mario Basacchi
- *Nossa Senhora de Caravaggio: história e novena* – Leomar A. Brustolin e Volmir Comparin
- *Nossa Senhora de Fátima: novena* – Tarcila Tommasi
- *Nossa Senhora de Guadalupe: novena e história das aparições a São Juan Diego* – Maria Belém
- *Nossa Senhora de Nazaré: novena e história* – Maria Belém
- *Nossa Senhora Desatadora dos Nós: história e novena* – Frei Zeca
- *Nossa Senhora do Bom Parto: novena e reflexões bíblicas* – Mario Basacchi
- *Nossa Senhora do Carmo: novena e história* – Maria Belém
- *Nossa Senhora do Desterro: história e novena* – Celina Helena Weschenfelder
- *Nossa Senhora do Perpétuo Socorro: história e novena* – Mario Basacchi
- *Nossa Senhora Rainha da Paz: história e novena* – Celina Helena Weschenfelder
- *Novena à Divina Misericórdia* – Tarcila Tommasi

- *Novena das Rosas: história e novena de Santa Teresinha do Menino Jesus* – Aparecida Matilde Alves
- *Novena em honra ao Senhor Bom Jesus* – José Ricardo Zonta
- *Ofício da Imaculada Conceição: orações, hinos e reflexões* – Cristóvão Dworak
- *Orações do cristão: preces diárias* – Celina Helena Weschenfelder
- *Os Anjos de Deus: novena* – Francisco Catão
- *Padre Pio: novena e história* – Maria Belém
- *Paulo, homem de Deus: novena de São Paulo Apóstolo* – Francisco Catão
- *Reunidos pela força do Espírito Santo: novena de Pentecostes* – Tarcila Tommasi
- *Rosário dos enfermos* – Aparecida Matilde Alves
- *Rosário por uma transformação espiritual e psicológica* – Gustavo E. Jamut
- *Sagrada Face: história, novena e devocionário* – Giovanni Marques Santos
- *Sagrada Família: novena* – Pe. Paulo Saraiva
- *Sant'Ana: novena e história* – Maria Belém
- *Santa Cecília: novena e história* – Frei Zeca
- *Santa Edwiges: novena e biografia* – J. Alves
- *Santa Filomena: história e novena* – Mario Basacchi
- *Santa Gemma Galgani: história e novena* – José Ricardo Zonta
- *Santa Joana d'Arc: novena e biografia* – Francisco de Castro
- *Santa Luzia: novena e biografia* – J. Alves
- *Santa Maria Goretti: história e novena* – José Ricardo Zonta
- *Santa Paulina: novena e biografia* – J. Alves
- *Santa Rita de Cássia: novena e biografia* – J. Alves
- *Santa Teresa de Calcutá: biografia e novena* – Celina Helena Weschenfelder
- *Santa Teresinha do Menino: novena e biografia* – Jesus Mario Basacchi
- *Santo Afonso de Ligório: novena e biografia* – Mario Basacchi
- *Santo Antônio: novena, trezena e responsório* – Mario Basacchi
- *Santo Expedito: novena e dados biográficos* – Francisco Catão
- *Santo Onofre: história e novena* – Tarcila Tommasi
- *São Benedito: novena e biografia* – J. Alves

- *São Bento: história e novena* – Francisco Catão
- *São Brás: história e novena* – Celina Helena Weschenfelder
- *São Cosme e São Damião: biografia e novena* – Mario Basacchi
- *São Cristóvão: história e novena* – Mário José Neto
- *São Francisco de Assis: novena e biografia* – Mario Basacchi
- *São Francisco Xavier: novena e biografia* – Gabriel Guarnieri
- *São Geraldo Majela: novena e biografia* – J. Alves
- *São Guido Maria Conforti: novena e biografia* – Gabriel Guarnieri
- *São José: história e novena* – Aparecida Matilde Alves
- *São Judas Tadeu: história e novena* – Maria Belém
- *São Marcelino Champagnat: novena e biografia* – Ir. Egídio Luiz Setti
- *São Miguel Arcanjo: novena* – Francisco Catão
- *São Pedro, Apóstolo: novena e biografia* – Maria Belém
- *São Peregrino Laziosi* – Tarcila Tommasi
- *São Roque: novena e biografia* – Roseane Gomes Barbosa
- *São Sebastião: novena e biografia* – Mario Basacchi
- *São Tarcísio: novena e biografia* – Frei Zeca
- *São Vito, mártir: história e novena* – Mario Basacchi
- *Senhora da Piedade: setenário das dores de Maria* – Aparecida Matilde Alves
- *Tiago Alberione: novena e biografia* – Maria Belém